ANIMALITOS
EL LINCE

Alice Butaud • Julie Colombet

Traducción de Blanca Gago

LIBROS DEL ZORRO ROJO

En cada libro de la colección

ANIMALITOS

un humano curioso conoce a un animal
y los dos entablan un diálogo…

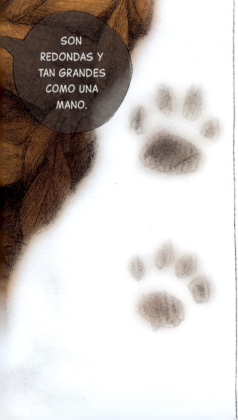

EL LINCE BOREAL, HASTA LA DÉCADA DE 1980, ERA UN SER MISTERIOSO Y ATERRADOR. EN LA EDAD MEDIA, SUS GARRAS Y DIENTES SE USABAN COMO AMULETOS.

LOS EUROPEOS CREÍAN QUE SU PIPÍ ERA MÁGICO, QUE SE TRANSFORMABA EN PIEDRAS PRECIOSAS Y ERA CAPAZ DE CURAR ENFERMEDADES…

ANTIGUAMENTE, AL LINCE BOREAL LO LLAMABAN «LOBO CERVAL», DEL LATÍN *LUPUS CERVARIUS*, QUE SIGNIFICA «LOBO QUE ATRAE A LOS CIERVOS», UN TÉRMINO QUE TAMBIÉN DESIGNA A UNA PERSONA SIN ESCRÚPULOS.

ADEMÁS DE LARGAS PATAS, EL LINCE BOREAL TIENE MECHONES DE PELO NEGRO, LLAMADOS «PINCELES», ENCIMA DE LAS OREJAS PUNTIAGUDAS. SE PARECE A UN GATO SALVAJE, PERO MÁS GORDO, Y TIENE LA COLA MÁS CORTA QUE LA MAYORÍA DE LOS FELINOS, CON UNA MANCHA NEGRA EN LA PUNTA.

NUESTRO LINCE NO SE MUEVE...

ACECHA...

ATENTO A LA PEQUEÑA ARDILLA.

EL PELAJE BLANQUECINO, SALPICADO DE MANCHAS NEGRAS, LE SIRVE DE CAMUFLAJE.

LOS CUATRO DEDOS DE LAS PATAS DEL LINCE TIENEN ALMOHADILLAS.

AMORTIGUAN EL RUIDO DE LOS PASOS, ¡COMO SI LLEVARA CALCETINES!

LA ARDILLA LEVANTA LA CABEZA Y MIRA A SU ALREDEDOR. SE SIENTE OBSERVADA.

EL LINCE DA UN PASO MÁS, SE HACE UN OVILLO, AGACHA LAS OREJAS,

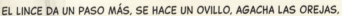

TENSA LOS MÚSCULOS, SACA LAS GARRAS... SE PREPARA PARA SALTAR....

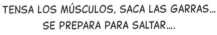

AL ATAQUE.

GRACIAS A SUS LARGAS PATAS Y A SUS GARRAS, ANCHAS COMO RAQUETAS,

SE MUEVE CON AGILIDAD POR LA ESPESA CAPA DE NIEVE.

ESTA VEZ NO SE ACERCA A ESCONDIDAS, SINO QUE SE LANZA A POR EL CORZO.

ESTE EMPRENDE LA HUIDA. CORRE MUY RÁPIDO.

EL LINCE ACELERA Y ALCANZA LOS 70 KILÓMETROS POR HORA, PERO EL CORZO ES AÚN MÁS VELOZ.

EL CORZO DA UN SALTO, ATERRIZA UNOS METROS MÁS LEJOS Y PROSIGUE LA CARRERA.

EL LINCE SE DETIENE, ¡EXHAUSTO!

¿CÓMO ES…?
EL LINCE IBÉRICO

PINCELES DE PELO NEGRO EN LOS EXTREMOS DE LAS OREJAS

¿QUÉ COME EL LINCE?

¡HOLA, PRIMO!

LARGAS PATILLAS

MANOS ANCHAS

El lince, como el gato, tiene unas **pupilas muy estrechas** a la luz del día, que por la noche pueden dilatarse hasta tres veces más que las de los humanos… ¡Qué vista de lince! Las patas traseras le permiten saltar obstáculos por encima de los cuatro metros de altura. Se alimenta de **presas pequeñas** como conejos, liebres, aves y, a veces, corzos o gamos. El lince boreal puede llegar a los 30 kilos, el doble que el lince ibérico, pero los dos son parientes menores de grandes felinos como el jaguar (90 kilos).

¿SABÍAS QUE TIENE MUY POCOS DEPREDADORES?

Dentro del **género Lynx** existen varias especies, todas ellas en el **hemisferio norte**. El **lince ibérico** es endémico de la Península ibérica, y es el único **en peligro de extinción.**

Es **solitario** y caza en su **territorio,** que puede extenderse por varios centenares de kilómetros cuadrados. Acepta la presencia de otros linces en las zonas neutrales de sus dominios. A su paso, deja marcas olfativas de orina y arañazos en los troncos.

SU NOMBRE CIENTÍFICO ES *LYNX PARDINUS*

PELAJE MOTEADO

COLA CORTA CON BORLA NEGRA EN EL EXTREMO

PATAS TRASERAS MÁS LARGAS QUE LAS DELANTERAS

Este libro es la traducción de un podcast de France Inter
Título original: *Le Lynx*
Texto de Alice Butaud e ilustraciones de Julie Colombet
© 2023, hélium/Actes Sud / France Inter
Esta edición ha sido publicada por un acuerdo con Isabelle Torrubia Agencia Literaria
© 2023, de esta traducción: Blanca Gago
© 2023, de esta edición: Libros del Zorro Rojo
Buenos Aires – Barcelona – Ciudad de México
www.librosdelzorrorojo.com

Dirección editorial: Fernando Diego García
Dirección de arte: Sebastián García Schnetzer
Edición: Estrella Borrego
Corrección: Andrea Bescós
Maquetación: Camila Madero y Victoria Taglioretti

La editorial agradece a Manuel Moral, por su asesoramiento
en los contenidos técnicos de este libro.

ISBN: 978-84-126748-8-0   Depósito legal: B-13079-2023

ISBN Argentina: 978-987-8998-08-4

Butaud, Alice
Animolones : el lince / Alice Butaud ; ilustrado por Julie Colombet.
1a ed. - Ciudad Autónoma de Buenos Aires :
Libros del Zorro Rojo, 2023.
40 p. : il. ; 15 x 23 cm.

ISBN 978-987-8998-08-4

1. Narrativa Infantil y Juvenil Francesa. I. Colombet, Julie, ilus.
II. Título.
CDD 843.9282

Primera edición: septiembre de 2023

Impreso en Polonia por OZGraf SA

No se permite la reproducción total o
parcial de este libro, ni su transmisión en cualquier forma o por
cualquier medio, sin el permiso previo y por escrito de los
titulares del *copyright*. La infracción de los derechos mencionados
puede ser constitutiva de delito contra
la propiedad intelectual.